SV

Band 1159 der Bibliothek Suhrkamp

Ein braver Japaner reist im Auftrag seines Ministeriums wegen bestimmter Studien nach Berlin und lernt dort eine sechzehnjährige Tänzerin kennen. Als er zu ihr zieht, wird ihm das Stipendium entzogen. Jedoch ermöglicht ihm die Berichterstattung für japanische Zeitungen, ein Leben in glücklicher Armut mit seiner Elise, die schwanger ist. Ein verlockendes Angebot, in japanische Dienste zurückzukehren, stellt die Treue des Ota Toyotaro auf die Probe. Er schwankt.
Mori Ōgai (1862-1922) hat in seiner ersten Geschichte aus dem Jahr 1890 eigene Erfahrungen eines mehrjährigen Deutschlandaufenthalts verarbeitet. *Die Tänzerin* ist die erste Ich-Erzählung der neueren japanischen Literatur. Ihre Wirkung in Japan ist in Deutschland nur mit der von Goethes *Werther* zu vergleichen.

Mori Ōgai
Die Tänzerin

Zwei Erzählungen

Aus dem Japanischen von
Wolfgang Schamoni

Suhrkamp Verlag

Die zwei Erzählungen sind dem 1989 im Insel Verlag erschienenen Band *Im Umbau* entnommen.

Erste Auflage 2020
Suhrkamp Verlag Berlin

Umschlag: Willy Fleckhaus
Printed in Germany
ISBN 978-3-518-24285-8

Die Tänzerin

Das Schiff hat neue Kohle geladen, und es ist nun wieder still ringsum. Die Tische im Speisesaal der zweiten Klasse stehen verlassen da, und die festlichen Glühlampen erleuchten nutzlos den Raum. Denn heute sind die Kartenspieler, welche sich allabendlich hier versammelten, an Land gegangen, um in einem *Hotel* zu übernachten. Ich allein bin zurückgeblieben.
Es war vor fünf Jahren. Mein langgehegter Wunsch war in Erfüllung gegangen und ich hatte den amtlichen Auftrag zum Studium in Europa erhalten. Bis hierher, zum Hafen von Saigon, gekommen, erschien mir alles, was ich sah, alles, was ich hörte, neuartig, und mein wortreiches Reisetagebuch belief sich täglich wohl auf mehrere tausend Wörter. Es wurde damals in einer Zeitung abgedruckt und von den Leuten bewundert. Rückblickend aber frage ich mich, wie es wohl einem nachdenklichen Leser erschienen sein mag: meine unreifen Gedanken und unverantwortlichen Behauptungen, meine wichtigtuerischen Aufzeichnungen von alltäglicher Fauna und Flora, von Geologie und örtlichen Sitten und Gebräuchen. Das Heft, das ich diesmal vor Antritt der Heimreise gekauft habe, um ein Tagebuch zu führen, besteht immer noch aus unbeschriebenem Papier. Vielleicht habe ich während meines Studiums in Deutschland eine Haltung des *nil admirari* entwickelt? Nein, da gibt es einen anderen Grund.

Tatsächlich bin ich, der ich nun nach Osten heimkehre, nicht der gleiche wie der, der damals nach Westen fuhr. Auch wenn es in der Wissenschaft noch viele Bereiche gibt, in denen mein Wissensdurst nicht gestillt ist, so habe ich doch das Auf und Ab der Welt kennengelernt, habe nicht nur die Unzuverlässigkeit der Menschen erfahren, sondern auch begriffen, wie wechselhaft mein eigenes Herz ist. Für wen sollte ich festhalten, wie sich heute als schlecht darstellt, was mir gestern gut erschien? Wem sollte ich die Aufzeichnungen meiner Augenblicksempfindungen zeigen? Kann ich vielleicht deshalb kein Tagebuch zustande bringen? Nein, da gibt es einen anderen Grund.

Ach, seit das Schiff den Hafen von Brindisi verließ, sind bereits mehr als zwanzig Tage vergangen. Gewöhnlich knüpft man während einer Seefahrt sogar mit bisher völlig unbekannten Menschen Kontakte und vertreibt sich gemeinsam die Langeweile. Aber ich schützte eine geringfügige Krankheit vor und blieb in meiner Kabine, und ich sprach kaum mit den Mitreisenden. Denn mich peinigt ein Schmerz, von dem die anderen nichts wissen. Anfangs überzog dieser Schmerz mein Herz wie ein Wolkenstreif und bewirkte, daß ich weder die Schönheit der Schweizer Berge wahrnahm, noch den historischen Stätten Italiens meine Aufmerksamkeit schenkte; dann aber ließ er mich der Welt überdrüssig werden, ließ mich an mir selbst verzweifeln und bereitete mir unbeschreibliche innere Schmerzen, bis er schließlich in die Tiefe meines Herzens absank und sich dort als ein dunkler Punkt festsetzte. Jedesmal jedoch, wenn ich etwas Bestimmtes lese, jedesmal wenn ich etwas Bestimmtes sehe, dann weckt er ein grenzenloses Gefühl der Sehnsucht nach der Vergangenheit in mir, so wie eine Gestalt im Spiegel ein Bild erweckt, so wie eine Stimme ein Echo hervorruft. Wie soll ich nur diesen Schmerz auslöschen? Wäre dieser Schmerz anderer Art, so würde ich ihn in einem Gedicht aussprechen, würde ihn in einem Liede singen, und meine Stimmung würde wohl leichter. Aber dieser Schmerz ist so tief in mein Herz eingeprägt, daß mir dies nicht möglich erscheint. Da ich heute jedoch allein bin und es noch einige Zeit dauern wird, bis der Steward kommt und die Lichter ausschaltet, will ich versuchen, meine Geschichte in groben Zügen niederzuschreiben.

Von klein auf habe ich eine strenge familiäre Erziehung genossen; mein Lerneifer ließ auch nach dem frühen Tode meines Vaters nicht nach, so daß, sowohl während meiner Schulzeit in der Heimat, wie auch in Tōkyō auf der Präparanda, und selbst nachdem ich in die Juristische Fakultät der Universität eingetreten war, der Name Ōta Toyotarō immer an der Spitze der Klassenrangliste stand, was meiner Mutter, die alle Hoffnungen auf ihr einziges Kind setzte, zweifellos ein großer Trost gewesen ist. Mit neunzehn erwarb ich den Rang eines Bakkalaureus, in diesem Alter eine – wie mir gesagt wurde – seit Gründung der Universität noch nie dagewesene Auszeichnung. Ich wurde bei einem Ministerium angestellt, holte meine Mutter aus der Heimat nach Tōkyō und verbrachte so drei glückliche Jahre. Da ich die besondere Aufmerksamkeit meiner Vorgesetzten genoß, erhielt ich den Auftrag, nach Europa zu gehen und meine Abteilung betreffende Amtsgeschäfte zu studieren. Bei dem Gedanken, daß dies die Chance sei, mir Ruhm zu erwerben und für den Aufstieg meiner Familie zu sorgen, fiel es mir nicht allzu schwer, meine über fünfzigjährige Mutter zurückzulassen und in die Ferne, in die Stadt Berlin zu reisen.

Mit der vagen Erwartung von Erfolg und Ruhm und einer an Fesseln gewöhnten Lernfähigkeit stand ich plötzlich in der Mitte dieser neuen Metropole Europas. Welcher Glanz traf meine Augen, welche Farbenpracht verwirrte mein Herz! Übersetzt man »Unter den Linden« mit »Bodaijuka« (»Unter den Bäumen der Erleuchtung«), so stellt man sich dabei einen abgeschiedenen, stillen Ort vor. Aber seht die Herren und Damen, die in Gruppen auf den beidseitigen, steingepflasterten Bürgersteigen dieser schnurgeraden Straße gehen! Die Offiziere mit strammer Haltung und breiten Schultern und mit in allen möglichen Farben prangenden Gala-Uniformen (damals pflegte sich noch Kaiser Wilhelm I. am Fenster zur Straße zu zeigen), die entzückenden, nach Pariser Art aufgeputzten Mädchen: alles und jedes erregte mein Auge. Die vielen geräuschlos über den Asphalt der Straße fahrenden Pferdedroschken; in einer Lücke zwischen den wolkenhohen Palästen ein Springbrunnen, der seine Fontäne gegen den blauen Himmel steigen und wie einen Gewitterregen herabfallen läßt; und in der Ferne, jenseits des Brandenburger Tores schwebt aus den dichten Laubbäumen das Standbild der Göttin auf der Siegessäule gen Himmel. All dies lag einem direkt vor Augen, so daß, wer zum ersten Male hierher kam, gar nicht alles aufzunehmen vermochte. Aber ich hatte mir selbst geschworen, niemals und nirgendwo mein Herz von einem verführerischen Anblick bewegen zu lassen, und hielt immer einen Abstand zu allem, was auf mich einstürmte.

Die preußischen Beamten, bei denen ich die Klingel zog, um mein offizielles Empfehlungsschreiben vorzulegen und den Grund für mein Kommen zu erläutern, empfingen mich alle mit großer Freundlichkeit und versprachen, mir in allen Dingen zu Rate zu stehen und zu helfen, sobald die Formalitäten von der Gesandtschaft aus ordnungsgemäß erledigt wären. Zum Glück hatte ich in meiner Heimat Deutsch und Französisch gelernt. So fragte mich jeder bei der ersten Begegnung, wann und wo ich diese Sprache gelernt habe.

Ich schrieb mich in die Berliner Universität ein, um – mit Hilfe einer Genehmigung, die ich vor meiner Ab-

fahrt eingeholt hatte – in der Zeit nach Erledigung meiner Amtspflichten politische Wissenschaft zu studieren.
Nach ein, zwei Monaten hatte ich die offiziellen Besuche hinter mir, und meine Untersuchungen kamen voran. Über die eiligen Angelegenheiten verfaßte ich einen Bericht und sandte ihn nach Japan; das übrige schrieb ich in mehreren Notizheften nieder. In der Universität gab es keinen Studiengang, der, wie ich in meiner Naivität geglaubt hatte, zum Politiker führte, und so schwankte ich, was ich belegen sollte. Schließlich entschied ich mich für zwei oder drei juristische Vorlesungen, bezahlte die Studiengebühren und besuchte diese Veranstaltungen.
So vergingen drei Jahre wie im Traum. Des Menschen natürliche Neigungen sind auf Dauer nicht zu verbergen: Seit der Zeit, als ich, die letzten Worte meines Vaters achtend und die Ermahnungen meiner Mutter befolgend, unermüdlich lernte und glücklich war, wenn ich als Wunderkind bezeichnet wurde, bis zu der Zeit, da ich pausenlos arbeitete und mich freute, wenn mein Vorgesetzter mich als tüchtige Kraft lobte, all die Jahre hatte ich als ein bloß passiver, mechanischer Mensch gearbeitet, ohne es selbst zu merken. Jetzt war ich fünfundzwanzig und spürte, vielleicht weil ich längere Zeit der freien Atmosphäre der Universität ausgesetzt gewesen war, in mir eine unbestimmte Unruhe. Das tief in mein Inneres versunkene Ich trat langsam an die Oberfläche

und schien mit jenem falschen Ich, welches ich bis gestern gewesen war, den Kampf aufzunehmen. Mir war, als hätte ich begriffen, daß ich nicht der erfolgreiche Politiker sein würde und auch nicht der Jurist, der Gesetze memoriert und Urteile verkündet.
Ich dachte nach: Meine Mutter hat versucht, mich zu einem lebenden Lexikon zu machen; mein Vorgesetzter hat versucht, mich in ein lebendes Gesetzbuch zu verwandeln. Ein Lexikon zu werden, hätte ich noch ausgehalten, aber in ein Gesetzbuch konnte ich mich unmöglich verwandeln lassen. Bisher hatte ich auch bei nebensächlichen Fragen überaus sorgfältig geantwortet, aber nun begann ich in den Briefen an meinen Vorgesetzten immer häufiger zu argumentieren, man solle sich nicht an die Details des Rechtes klammern, und ich erklärte großspurig: Wenn man erst einmal den Geist des Rechtes begriffen habe, dann ergäben sich die trivialen Einzelheiten ganz von selbst. Nun machte mir das Studium endlich Vergnügen.
Mein Vorgesetzter hatte ursprünglich gemeint, er habe eine nach Gutdünken zu benutzende Maschine aus mir gemacht. Wie sollte er sich auch über jemanden freuen, der unabhängige Gedanken hatte und ungewöhnlich auftrat. Meine damalige Position war gefährdet, aber das allein hätte noch nicht genügt, meine Position umzukehren. Zwischen einer bestimmten einflußreichen Gruppe der in Berlin studierenden Japaner und mir bestand ein unerfreu-

liches Verhältnis; sie betrachteten mich mit Mißtrauen, und schließlich verleumdeten sie mich. Aber geschah dies ganz ohne Grund?
Daß ich nicht mit ihnen zusammen trank und mich auch nicht am Billardspiel beteiligte, führten sie auf meinen Starrsinn und meinen Willen, meine Begierden zu zügeln, zurück. Sie verspotteten mich und beneideten mich wohl auch. Aber sie taten es, weil sie mich nicht kannten. Denn wie sollte jemand anderes den Grund für dieses mein Verhalten kennen, wo ich ihn doch selbst nicht kannte? Mein Herz glich dem Blatt der Mimose: bei jeder Berührung zog es sich zusammen. Mein Herz war wie ein junges Mädchen. Daß ich, seit meiner Kindheit die Ermahnungen der Älteren befolgend, den Weg des Lernens beschritten hatte, auch daß ich den Weg des Staatsdieners gegangen war, das alles war nicht Ausdruck von Mut. Was als Durchhaltevermögen und Lerneifer erschien, war Betrug an mir selbst und anderen: Ich war einfach dem Weg, auf den mich andere geschickt hatten, geradeaus gefolgt. Wenn ich mich von äußeren Dingen nicht verwirren ließ, so nicht, weil ich den Mut hatte, auf Äußeres zu verzichten, sondern einfach, weil ich aus Angst vor den äußeren Dingen meine eigenen Hände und Füße gefesselt hatte. Bevor ich von zu Hause aufbrach, war ich überzeugt davon, Fähigkeiten zu besitzen, und ich glaubte fest an mein psychisches Durchhaltevermögen. Ach, auch das sollte sich bald als falsch erweisen. Bis das Schiff aus dem Hafen

von Yokohama hinausfuhr, hatte ich mich für ungeheuer stark gehalten. Als ich dann die Tränen nicht zurückhalten konnte und das Taschentuch durchnäßte, da fand ich das selber seltsam, aber gerade das war wohl meine wahre Natur. Diese Seelenverfassung war mir wohl angeboren. Vielleicht hatte ich sie auch entwickelt, weil ich nach dem frühen Tode meines Vaters von meiner Mutter aufgezogen worden war.

Es war nicht weiter verwunderlich, daß jene japanischen Mitstudenten über mich lachten. Aber war es nicht lächerlich, daß sie mich beneideten? Diesen schwachen, jämmerlichen Menschen?

Wenn ich die Frauen sah, die grell geschminkt und auffallend gekleidet in den Cafés auf Kunden warteten, hatte ich nicht den Mut, zu ihnen hinzugehen, und wenn ich die *Lebemänner* sah, mit dem Zylinder auf dem Kopf, einen Kneifer auf der Nase und mit jener den preußischen Adeligen eigentümlichen nasalen Aussprache, da hatte ich nicht den Mut, mich ihnen anzuschließen, um mich mit ihnen zu amüsieren. Ich hatte weder diesen Mut, noch war ich in der Lage, mit meinen unternehmungslustigen Landsleuten zu verkehren. Da ich mich von ihrer Gesellschaft fernhielt, verspotteten und beneideten sie mich nicht nur, sondern begannen mich mit Mißtrauen zu betrachten. Deshalb wurde ich grundlos beschuldigt, und deshalb mußte ich binnen kurzer Zeit zahllose Mühsal erdulden.

Es geschah eines Abends. Ich war im Tiergarten spazierengegangen, war über die Allee Unter den Linden dann in Richtung Monbijou-Straße gegangen, wo ich wohnte, und bis zur alten Kirche in der Klosterstraße gekommen. Ich weiß nicht, wie oft ich nach der Durchquerung des Lichtermeeres der Großstadt in diese enge, düstere Seitenstraße eingebogen bin und dann, gegenüber den Wohnhäusern, über deren Balkongeländer noch vom Morgen her Bettzeug und Nachthemden zum Auslüften gehängt waren, der billigen Wirtschaft, in deren Eingang ein alter Jude mit langen Schläfenlocken wartete, und einem Mietshaus, dessen eine Treppe direkt nach oben führte, während die andere Treppe in die Kellerwohnung, in welcher ein Schmied hauste, hinabführte – ich weiß nicht, wie oft ich dort vor der etwas zurückgesetzt errichteten dreihundertjährigen Kirche auf der anderen Straßenseite stand und wie benommen aufgeblickt habe.

Als ich diesmal dort vorbeigehen wollte, sah ich ein junges Mädchen, an das verschlossene Kirchentor gelehnt, leise vor sich hin weinen. Sie mochte sechzehn oder siebzehn sein. Ihr Haar, das unter dem Kopftuch hervorschaute, war von einer blassen, goldenen Farbe, ihre Kleidung war keineswegs unsauber oder unordentlich. Von meinen Schritten aufgeschreckt, wandte sie mir ihr Gesicht zu: ich müßte ein Dichter sein, um es beschreiben zu können. Diese blauen, reinen Augen mit ihrer fragenden

Traurigkeit, halb verdeckt von den langen feuchten Augenwimpern – wieso durchdrangen sie mit einem einzigen Blick mein wohlgerüstetes Herz bis zum Grunde?
Ob sie wohl einem unermeßlich schweren Leid begegnet war und deshalb hier selbstvergessen stand und weinte? Das Mitleid siegte über meine Ängstlichkeit, und ich ging unwillkürlich zu ihr hin: »Warum weinen Sie? Vielleicht kann gerade ein hier fremder Ausländer Ihnen helfen?« Mich selbst überraschten meine kühnen Worte.
Sie schrak zusammen und blickte mein gelbliches Gesicht an. Meine aufrichtige Gesinnung war wohl an ihm abzulesen. »Sie scheinen ein guter Mensch zu sein, nicht so grausam wie *er* – oder wie meine Mutter.« Die momentan versiegten Tränen begannen wieder hervorzuquellen und über die lieblichen Wangen zu fließen.
»Retten Sie mich! Retten Sie mich vor der Schande! Meine Mutter schlägt mich und sagt, ich solle ihm zu Willen sein. Mein Vater ist gerade gestorben. Wir müssen ihn morgen begraben, aber wir haben keinen Pfennig Erspartes im Haus.«
Ihre Worte ertranken in Schluchzen. Mit gesenktem Blick und zitternden Schultern stand sie da, und ich blickte sie an.
»Ich werde Sie nach Hause bringen. Beruhigen Sie sich erst einmal, daß niemand Sie hört. Wir stehen hier ja auf der Straße.« Während ich sprach, hatte sie

sich unversehens an mich gelehnt. In diesem Moment erhob sie plötzlich ihr Gesicht und lief fort, von Scham überwältigt, so als ob sie mich erst jetzt wahrgenommen habe.

Um nicht von den Leuten gesehen zu werden, eilte das Mädchen mit schnellen Schritten davon. Ich folgte ihr in das Haustor gegenüber der Kirche. Wir stiegen die Steintreppen, deren Stufen teilweise zerborsten waren, bis zum vierten Stock hinauf und kamen zu einer niedrigen Tür, durch die man nur gebückt eintreten konnte. Das Mädchen zog kräftig an dem gebogenen Ende eines verrosteten Drahtes, worauf von innen die heisere Stimme einer alten Frau fragte: »Wer ist da?« Gleich nachdem das Mädchen »Ich bin's, Elise, ich bin zurück« geantwortet hatte, wurde die Tür geräuschvoll geöffnet. Es war eine alte Frau, deren Haar teilweise weiß war und der – obgleich sie nicht unangenehm aussah – die Spuren der Armut auf ihrer Stirn eingegraben waren. Sie trug ein altes wollenes Kleid und hatte schmutzige Pantoffeln an. Elise deutete mir gegenüber eine leichte Verbeugung an und ging hinein, worauf die alte Frau, als habe sie darauf gewartet, heftig die Tür zuschlug.

Ich stand eine Weile wie benommen da. Dann sah ich im trüben Schein der Petroleumlampe, daß auf der Tür mit Lackbuchstaben der Name »Ernst Weigert« geschrieben stand, und darunter: »Schneidermeister«. Das war wohl der Name des verstorbenen Vaters des Mädchens. Aus dem Inneren hörte man

Stimmen, die zu streiten schienen. Dann wurde es ruhig, und die Tür öffnete sich wieder. Die alte Frau entschuldigte sich umständlich für ihr unhöfliches Verhalten und lud mich ein, hereinzukommen. Die Tür führte in die Küche. Auf der Rechten war ein Fenster mit frischgewaschenen, schneeweißen Leinenvorhängen, auf der Linken ein Ofen aus primitiv aufgeschichteten Ziegelsteinen. Die Tür zum geradeaus liegenden Zimmer stand halb offen, und man sah ein mit weißem Tuch bedecktes Bett. Dort lag offenbar der tote Vater. Die alte Frau öffnete die Tür neben dem Ofen und führte mich hinein. Ich kam in eine zur Straße gelegene sogenannte *Mansarde*, d.h. ein Zimmer mit schräger Decke. Die Balken, die vom Dach herab zum Fenster verliefen, waren mit Tapeten beklebt. Dort, wo man aufrecht stehend an die Decke stoßen würde, stand ein Bett. Der Tisch in der Mitte des Zimmers war mit einem schönen Tuch bedeckt, und darauf lagen einige Bücher und ein Fotoalbum. In einer Blumenvase steckten teure, eigentlich nicht hierher passende Blumen. Daneben stand, etwas verschämt, das Mädchen.

Sie war überaus schön. Über das milchweiße Gesicht lief im Schein der Lampe eine leichte Röte. Die schmalen zarten Hände und Füße paßten nicht zu einem Mädchen aus einer armen Familie. Nachdem die alte Frau das Zimmer verlassen hatte, sagte das Mädchen mit etwas dialektgefärbten Worten: »Verzeihen Sie mir bitte, daß ich Sie in meiner Gedankenlosigkeit hierher geführt habe. Sie scheinen ein guter Mensch zu sein und werden mich nicht verachten. Mein Vater wird morgen begraben, und ich habe mich auf Schaumberg verlassen – Sie werden ihn nicht kennen: er ist der Chef des Viktoria-Theaters. Ich arbeite bereits seit zwei Jahren bei ihm. Deshalb dachte ich, er werde uns zweifellos helfen. Aber wer hätte erwartet, daß er mein Unglück ausnützen und mich zwingen würde, ihm zu Willen zu sein? Bitte retten Sie mich, das Geld werde ich von meinem schmalen Lohn zurückzahlen, auch wenn ich selbst nichts zu essen hab. Wenn Sie mir nicht helfen, muß ich tun, was meine Mutter sagt –«. Sie schluchzte und zitterte am ganzen Körper. In den Augen, mit denen sie zu mir aufschaute, war ein Zauber, der es mir unmöglich machte, nein zu sagen. Ob sie selbst von dieser Wirkung ihrer Augen wußte?

In meiner Tasche waren zwei oder drei Mark in Silberstücken, aber das war schwerlich genug. Ich nahm deshalb meine Uhr heraus und legte sie auf den Tisch: »Damit werden Sie eine Zeitlang zurechtkommen. Der Mann vom Leihhaus soll in der Monbijou-Straße Nr. 3 nach Ōta fragen. Ich werde die Uhr einlösen.«

Das Mädchen war sichtlich bewegt und drückte ihre Lippen auf meine ihr zum Abschied hingehaltene Hand, wobei heiße Tränen auf meinen Handrücken fielen.

Ach, was für ein unglückliches Schicksal führte sie in

meine Unterkunft, um mir für diese Hilfe zu danken! In meinem Zimmer, wo ich – mit Schopenhauers Schriften zur Rechten und Schillers Werken zur Linken – jeden Tag konzentriert meinen Studien oblag, stand sie da wie eine einsam erblühte Blume. Von da an wurde der Kontakt zwischen mir und dem Mädchen enger. Auch meine Landsleute erfuhren davon, und sie vermuteten sofort, daß ich unter den Tänzerinnen auf erotische Abenteuer aus sei. Aber zwischen uns beiden gab es nur harmlos-naive Freuden.

Unter meinen Landsleuten war einer – ich verzichte darauf, seinen Namen zu nennen – der gerne Ärger machte. Er berichtete meinem Vorgesetzten, daß ich häufig ins Theater ginge und mit Schauspielerinnen verkehrte. Mein Vorgesetzter, der sowieso unzufrieden war, daß ich mich so sehr in die Wissenschaft vertiefte, gab die Nachricht schließlich an die Botschaft weiter, und ich verlor Rang und Posten. Als der Botschafter mir dies mitteilte, sagte er zu mir: »Wenn Sie jetzt sofort in die Heimat zurückkehren, dann wird Ihnen ein Weg bereitet; falls Sie aber weiter hierbleiben, dann können Sie nicht mit offizieller Hilfe rechnen.« Ich bat mir eine Woche Bedenkzeit aus, und während ich hin und her überlegte, erhielt ich die zwei bittersten Briefe meines Lebens. Sie waren fast gleichzeitig aufgegeben worden: der eine war von meiner Mutter geschrieben, der andere kam von einem Verwandten und meldete mir den Tod meiner Mutter, die ich so sehr geliebt hatte. Ich vermag hier nicht zu wiederholen, was in dem Brief meiner Mutter stand, da mich die Tränen am Schreiben hindern.

Mein Umgang mit Elise war bis zu diesem Zeitpunkt reiner, als es Außenstehenden erscheinen mochte. Sie hatte wegen der Armut ihres Vaters nur eine ungenügende Erziehung genossen. Mit fünfzehn war sie dem Drängen eines Tanzlehrers gefolgt und hatte dieses niedrige Gewerbe erlernt. Nachdem sie den *Kursus* durchgemacht hatte, war sie in das Viktoria-Theater gekommen und nahm jetzt den zweiten Platz unter den Tänzerinnen ein. Aber das Los einer Tänzerin ist wahrlich elend – der Dichter Hackländer hat sie die modernen Sklaven genannt. Mit geringem Lohn an das Theater gefesselt, müssen sie tagsüber bei den Proben und abends auf der Bühne hart arbeiten. In der Theatergarderobe tragen sie Puder und Schminke auf und schmücken sich mit schönen Kleidern, aber draußen haben sie kaum genug zu essen und anzuziehen. Wie schwer muß es ihnen da fallen, Eltern und Geschwister zu ernähren! Deshalb sollen nur wenige schließlich nicht in jenes andere unendlich niedrige Gewerbe absinken. Elise war diesem Schicksal entgangen, dank ihrer stillen Art und der beschützenden Hand ihres stolzen Vaters. Sie hatte von klein auf gerne gelesen, hatte aber nur die »*Kolportage*« genannten gemeinen Romane der Leihbuchhändler in die Hände bekommen. Nachdem sie mich kennengelernt hatte, las sie die Bücher, die ich ihr lieh; ihr Geschmack bildete sich langsam, sie sprach besseres Deutsch, und bald machte sie auch weniger orthographische Fehler in ihren Briefen. So ergab sich zwischen uns beiden zunächst ein Lehrer-Schüler-Verhältnis. Als sie von meiner unerwarteten Entlassung erfuhr, erbleichte sie. Ich verbarg vor ihr, daß es etwas mit ihr zu tun hatte, und sie bat mich: »Verschweig es bitte meiner Mutter.« Dies geschah aus Furcht, ihre Mutter würde mich von ihr fernhalten, wenn sie erführe, daß ich mein Stipendium verloren hatte.

Ach, ich brauche es hier wohl nicht ausführlicher darzustellen – aber eben um diese Zeit begann ich plötzlich eine stärkere Liebe für sie zu empfinden, so daß mir eine Trennung nicht mehr möglich erschien. Vielleicht wird sich mancher wundern oder mich auch kritisieren, daß ich mich, vor einer großen Lebensentscheidung stehend, so verhielt. Meine Liebe zu Elise war von dem Moment an, da ich sie zum ersten Mal sah, keineswegs schwach gewesen. Nun aber traf der Anblick ihrer rührend schönen Gestalt mit dem aufgelösten Haar und dem gesenkten Gesicht, in das Mitleid mit meinem unglücklichen Schicksal und Trauer über eine mögliche Trennung geschrieben standen, mein durch Kummer und Schmerz aufgewühltes Herz. Wie im Traum hatte sich unser Verhältnis entwickelt: Ich konnte nicht mehr anders.

Der Termin mit dem Botschafter kam näher, mein

Schicksal rückte heran. Falls ich jetzt direkt nach Hause zurückkehrte, würde ich eine Chance haben, meinen Ruf, der durch den Abbruch des Studiums beschädigt war, wiederherzustellen. Bliebe ich aber, so hätte ich keine Möglichkeit, Geld für mein Studium zu erhalten.

Da kam mir Aizawa Kenkichi zu Hilfe, der nun mit mir heimreist. Er war bereits in Tōkyō Privatsekretär von Graf Amakata gewesen. Als er im Amtsblatt von meiner Entlassung aus dem Beamtendienst las, überredete er den Chefredakteur einer bestimmten Zeitung, mich zum Korrespondenten zu machen und mich aus Berlin über Politik, Wissenschaft und Kunst berichten zu lassen.

Das Honorar, das mir die Zeitung zahlte, war kaum der Rede wert, aber wenn ich die Unterkunft wechselte und in einem anderen Gasthaus zu Mittag aß, so würde es für eine bescheidene Lebensführung reichen. Während ich derartige Überlegungen anstellte, bewies Elise ihre Liebe und warf mir einen Rettungsanker zu. Ich weiß nicht, wie sie ihre Mutter überredete, aber ich zog schließlich zu den beiden. Und irgendwann begannen wir auch unsere kümmerlichen Einnahmen zusammenzulegen. Mitten im Elend verbrachten wir eine glückliche Zeit.

Nach dem Morgenkaffee ging sie zu den Proben oder blieb zu Hause, wenn keine Proben waren. Ich begab mich zur Königsstraße, in eine Gaststätte, deren Straßenfront schmal war, die aber tief nach hinten ging. Dort las ich alle möglichen Zeitungen und notierte mir mit dem Bleistift dieses und jenes. In diesem von einem Deckenfenster erhellten Raum saßen junge Leute ohne feste Arbeit neben Greisen, die ihr weniges Geld verliehen und gemütlich vor sich hinlebten, und Geschäftsleuten, die eine kurze Pause an der Börse ausnützten, um sich hier auszuruhen. Was müssen wohl die Fremden über den Japaner gedacht haben, der eifrig schreibend an dem Steintisch saß, ohne zu beachten, daß der Kaffee, den die Kellnerin gebracht hatte, kalt wurde, und immer wieder zur Wand ging, wo zahllose Zeitungen zwischen langen Holzleisten eingeklemmt hingen? Und manche werden auch mit Verwunderung hinter dem ungewöhnlich zarten Mädchen, das aussah, als könne es auf einer ausgestreckten Handfläche tanzen, hergeblickt haben, wenn es an Tagen, an denen es Proben hatte, gegen ein Uhr auf dem Heimweg vorbeikam und mit mir die Gaststätte verließ.

Mein Studium lag darnieder. In dem von einer Lampe schwach erleuchteten Dachzimmer schrieb ich an meinem Tisch Zeitungsartikel, und neben mir saß Elise, heimgekommen vom Theater, in ihrem Sessel und nähte. Während ich früher das vertrocknete Paragraphenlaub auf dem Papier zusammengekehrt hatte, sammelte ich nun alle möglichen Informationen und schrieb unter Einsatz meiner ganzen Kraft, mich eher an Heine als an Börne orientierend, die verschiedensten Artikel über die bewegte politische Situation und die neuen Erscheinungen im Bereich von Literatur und Kunst. Ich berichtete ausführlich darüber, wie Wilhelm I. und Friedrich III. hintereinander starben, über die Thronbesteigung des neuen Kaisers und über die Frage, ob Fürst Bismarck weiter im Amt bleiben oder seinen Rücktritt einreichen werde. So war ich in der Folge sehr beschäftigt und fand nahezu keine Zeit, die wenigen Bücher, die ich besaß, zu lesen und mich meinem ursprünglichen Studium zu widmen. In der Universität war ich noch eingeschrieben, da ich aber kaum das Kolleggeld bezahlen konnte, ging ich nur selten zu der einen Vorlesung, auf die ich mich beschränkt hatte.

Mein Studium lag darnieder. Aber ich entwickelte gewisse andere Kenntnisse. Worin sie bestanden? In Europa reicht wohl kein Land an Deutschland heran in der Verbreitung von Populärwissenschaft. Verstreut in Hunderten von Zeitungen und Zeitschriften, erscheinen nicht selten überaus hochrangige Erörterungen. Ich las diese, seit ich Korrespondent geworden war, mit meinem während der Zeit, da ich noch häufiger die Universität aufsuchte, geschärften Blick. Ich las und las und schrieb ab und notierte. Dabei erweiterte sich mein Wissen, welches bisher nur einen einzigen schmalen Weg gekannt hatte, ganz von selbst, es wurde umfassend und erreichte ein Niveau, von dem die meisten meiner in Berlin studierenden Landsleute nur träumen konnten. Manche von ihnen

konnten ja nicht einmal die Leitartikel der Zeitungen richtig lesen.
Es kam der Winter des Jahres 1888. In den Hauptstraßen streute man Sand und ging mit dem Schneepflug durch. In der Klosterstraße war alles von einer glatten Eisschicht überzogen, unter der man noch hier und dort das bucklige Pflaster erahnen konnte. Wenn man morgens die Haustür öffnete, sah man elend verhungerte und erfrorene Spatzen tot daliegen. Obgleich wir das Zimmer warm hielten und im Herd Feuer machten, war die nordeuropäische Kälte, die durch Steinwände und Wollkleidung drang, kaum zu ertragen. Elise war vor wenigen Tagen abends auf der Bühne zusammengebrochen und nach Hause gebracht worden. Danach ging sie nicht mehr zur Arbeit, weil es ihr schlecht gehe, und übergab sich jedesmal, wenn sie etwas aß. Ihre Mutter bemerkte als erste, daß dies wohl bedeute, daß sie schwanger sei. Ach, mein Schicksal war ohnehin unsicher: was sollte ich tun, falls es stimmte?
Es war ein Sonntag, und ich war zu Hause, aber mein Herz war schwer. Elise mußte nicht liegen. Sie hatte ihren Stuhl neben den kleinen Ofen gerückt und redete wenig. Da hörte man von der Wohnungstür her eine fremde Stimme, und gleich darauf brachte mir Elises Mutter, die sich in der Küche aufgehalten hatte, einen Brief. Es war die mir bekannte Handschrift Aizawas, aber das Couvert trug eine preußische Briefmarke und war in Berlin abgestempelt. Als

ich den Brief verwundert öffnete, las ich: Da sich meine Reise plötzlich ergeben hat, konnte ich Dir nicht mehr vorher Bescheid sagen. Ich bin als Begleitung des gestern hier eingetroffenen Ministers Amakata hierhergekommen. Der Graf sagt, er möchte Dich sehen; deshalb komm bald. Jetzt ist die Zeit, Deine Ehre wiederherzustellen. Es drängt mich, Dir zu schreiben; deshalb hier nur das Wichtigste. – Als Elise meinen ratlosen Gesichtsausdruck nach der Lektüre des Briefes sah, fragte sie: »Ist es ein Brief aus der Heimat? Etwa eine schlechte Nachricht?« Sie dachte wohl, es sei eine Nachricht von meiner Zeitung wegen des Honorars. »Nein, mach dir keine Sorgen. Aizawa, dessen Namen du ja kennst, ist zusammen mit einem Minister hierhergekommen und will mich treffen. Er schreibt, es eilt; deshalb will ich gleich gehen.«

Eine Mutter, die ihr geliebtes einziges Kind losschickt, wird kaum fürsorglicher sein: Wohl weil sie dachte, ich würde vielleicht auch den Minister treffen, stand Elise trotz ihrer Krankheit auf, suchte ein besonders weißes Hemd aus, holte den sorgfältig verpackten zweireihigen *Gehrock* hervor und half mir beim Anziehen. Selbst die Krawatte band sie mir mit eigener Hand um.

»Niemand wird sagen können, du sähest nicht gut aus. Sieh dich in meinem Spiegel an! Warum machst du ein so trübseliges Gesicht? Am liebsten würde ich mit dir gehen.« Meinen Gehrock zurechtrückend sagte sie: »Nein, so angezogen siehst du irgendwie nicht wie mein Toyotarō aus.« Und dann, nach einem kurzen Nachdenken: »Verlaß mich nicht, auch wenn du reich und vornehm wirst! Auch wenn meine Krankheit sich nicht als das rausstellt, was Mutter sagt.«

»Reich und vornehm?« – Ich lächelte. »Ich habe schon vor einigen Jahren die Hoffnung aufgegeben, in der Politik etwas zu werden. Den Minister will ich gar nicht treffen. Ich will meinen Freund besuchen, den ich lange nicht gesehen habe.« Unten auf der Straße kam die *Droschke* erster Klasse, welche die Mutter gerufen hatte, an. Die Räder knirschten auf dem Schnee. Ich zog die Handschuhe an, hängte mir den etwas angeschmutzten Mantel über die Schultern, ohne in die Ärmel zu schlüpfen, nahm den Hut und ging, nachdem ich Elise einen Kuß gegeben hatte, hinab. Sie öffnete das vereiste Fenster und blickte meiner Droschke nach. Ihr aufgelöstes Haar wehte im Nordwind.

Vor dem Eingang des Kaiserhofs stieg ich aus. Ich fragte den Pförtner nach der Zimmernummer des Sekretärs Aizawa und stieg die Marmortreppe hinauf – ich hatte lange nicht mehr einen solchen Ort betreten. Ich kam in einen Vorraum mit einem Pfeiler in der Mitte, an den ein mit *Plüsch* bezogenes *Sofa* gerückt war, und einem Spiegel an der Stirnwand. Hier legte ich meinen Mantel ab. Als ich über den Korridor bis zu dem Zimmer gegangen war, zögerte ich etwas:

Mit was für einem Gesichtsausdruck würde mich Aizawa heute empfangen? – Aizawa, der damals, als wir zusammen studierten, meine korrekte Lebensweise aufs höchste gelobt hatte! Als ich in das Zimmer trat, fand ich ihn in seinem Äußeren etwas beleibter und kräftiger geworden als früher, aber sein lebhaftes Temperament war unverändert. Mein Fehlverhalten schien er nicht so schwer zu nehmen. Ohne Zeit zu haben, ausführlich darzustellen, was geschehen war, seit wir voneinander Abschied genommen hatten, wurde ich dem Minister vorgestellt. Mir wurde aufgetragen, einige eilige, deutsch geschriebene Papiere zu übersetzen. Als ich die Papiere entgegengenommen hatte und aus dem Zimmer trat, folgte mir Aizawa und schlug vor, zusammen mit ihm Mittag zu essen.

Beim Essen fragte er mich vieles, und ich erzählte ihm vieles. Denn sein Lebensweg war insgesamt normal und glatt verlaufen, während mein Leben voller Mühen und Wechselfälle gewesen war.

Als ich ihm offenherzig meine unglückliche Geschichte erzählte, drückte er mehrfach sein Erstaunen aus, tadelte mich aber nicht. Er kritisierte vielmehr die übrigen, mittelmäßigen Studenten. Als ich zu Ende erzählt hatte, nahm er einen ernsten Gesichtsausdruck an und sagte in mahnendem Ton: Diese Geschichte habe ihren Grund in meiner angeborenen Willensschwäche. Das könne man jetzt nachträglich nicht kritisieren. Allerdings: ob jemand, der Kenntnisse und Fähigkeiten habe, immer weiter von seinem Gefühl für ein kleines Mädchen gefesselt ein zielloses Leben führen sollte? Momentan habe Graf Amakata nur die Absicht, meine Deutschkenntnisse in Anspruch zu nehmen. Er selbst werde, da der Graf den Grund für meine Entlassung kenne, nicht darauf drängen, daß dieser seine Meinung ändere: Wenn der Graf den Eindruck bekäme, er, Aizawa, wolle mich unter Vorspiegelung falscher Tatsachen protegieren, so würde das mir nichts nützen und ihm selbst schaden. Die beste Empfehlung sei Leistung. Ich solle meine Fähigkeiten zeigen und so das Vertrauen des Grafen gewinnen. Und was meine Beziehung zu jenem Mädchen betreffe: auch wenn sie mich aufrichtig liebe, auch wenn unsere Verbindung inzwischen sehr eng geworden sei, so handele es sich doch nicht um eine Liebe, die auf der Kenntnis der Fähigkeiten und des Charakters des anderen beruhe. In diese Beziehung sei ich nur aus Anpassung an ein konventionelles Verhalten hineingeschlittert. Ich solle mich entschließen, sie abzubrechen. Dies etwa war der Inhalt seiner Worte.

Wie jemand, der ohne Steuerruder auf dem Ozean treibt und in der Ferne einen Berg erblickt, so war mir zumute, als Aizawa mir diesen Weg in die Zukunft wies. Aber der Berg war noch von dichtem Nebel verhüllt. Es war unklar, wann ich dort hinkommen würde und ob mein Herz dort Befriedigung finden würde. Trotz der Armut war mein jetziges Leben glücklich, und auf Elises Liebe konnte ich kaum verzichten. Mein schwacher Wille vermochte zu keiner Entscheidung zu kommen, aber ich folgte fürs erste dem Rat des Freundes und versprach, die Verbindung abzubrechen. Wenn es darum geht, auf meinem Standpunkt zu beharren, leiste ich einem Gegner Widerstand, aber einem Freund gegenüber kann ich nicht nein sagen.

Ich verabschiedete mich und ging nach draußen. Der Wind blies mir ins Gesicht. Da ich aus dem Speisesaal des *Hotels* kam, dessen Doppelfenster fest verschlossen waren und in dem ein großer Kachelofen den Raum heizte, empfand ich die Kälte durch meinen dünnen Mantel hindurch (es war nachmittags um vier Uhr) besonders schmerzhaft. Äußerlich fror ich, und auch in meinem Herzen breitete sich eine Art Kälte aus.

Die Übersetzung erledigte ich in einer einzigen Nacht. Meine Besuche im Kaiserhof wurden danach immer häufiger. Anfangs sprach der Graf nur geschäftsmäßig mit mir, später dann fragte er mich nach meiner Meinung über neuere Ereignisse in der Heimat. Manchmal erzählte er mir auch über Fehler und Mißerfolge anderer Mitglieder der Delegation und lachte darüber.

Ein Monat ging vorüber. Eines Tages fragte mich der Graf plötzlich: »Ich muß morgen früh nach Rußland abfahren. Können Sie mitkommen?« Ich hatte Ai-

zawa, der sehr beschäftigt war, mehrere Tage nicht gesehen. So kam diese Frage für mich völlig überraschend. »Wie sollte ich Ihrem Befehl nicht Folge leisten?« Ich will meine Schande bekennen: diese Antwort beruhte nicht auf einem schnellen Entschluß. Wenn ich von einem Menschen, dem gegenüber ich Vertrauen geschöpft habe, unvorbereitet um etwas gebeten werde, dann sage ich zuweilen im selben Augenblick, ohne so recht die Reichweite meiner Antwort zu bedenken, direkt zu. Häufig merke ich nach meiner Zusage, daß mein Versprechen schwer zu halten ist, aber ich schicke mich dann ins Unvermeidliche und führe es aus, mühsam verbergend, daß ich meine Zusage gedankenlos gegeben habe.
An diesem Tag erhielt ich außer dem Übersetzungshonorar noch die Reisekosten ausgezahlt. Ich kehrte heim und übergab Elise das Geld. Damit sollte sie die Lebenskosten bis zu meiner Rückkehr aus Rußland bestreiten. Sie hatte sich von einem Arzt untersuchen lassen, und dieser hatte ihr gesagt, daß sie in anderen Umständen sei. Weil sie an Blutarmut litt, hatte sie ihre Schwangerschaft mehrere Monate lang nicht bemerkt. Von dem Theaterdirektor hatte sie Nachricht erhalten, daß sie entlassen sei, weil sie allzu lange gefehlt habe. Da sie erst einen Monat fehlte, gab es für diese Strenge wohl einen anderen Grund. Sie zeigte keine große Besorgnis über meine Abfahrt, denn sie glaubte fest an meine Treue.
Mit der Eisenbahn war es keine so weite Reise. So

benötigte ich keine besonderen Vorbereitungen. Ich packte nur den geliehenen Frack, dazu einen neugekauften Gothaer Almanach des russischen Adels und ein paar Lexika in einen kleinen Koffer. Da ich mir dachte, daß Elise, nach den vielen Sorgen der letzten Zeit nun allein zurückgelassen, sich einsam und verlassen fühlen würde und da ich fürchtete, daß sie beim Abschied auf dem Bahnhof weinen würde, schickte ich sie früh am nächsten Morgen zusammen mit ihrer Mutter zu Bekannten. Dann zog ich mich für die Reise an, schloß die Tür und gab den Schlüssel bei dem neben dem Hauseingang wohnenden Schuster ab.

Was soll ich über die Reise nach Rußland berichten? Meine Aufgabe als Dolmetscher riß mich schlagartig aus dem Alltag heraus und setzte mich über den Wolken ab: Die Pracht des Hofes, welcher sozusagen den äußersten Pariser Luxus mitten in Eis und Schnee versetzte, der sich in den Orden und *Epauletten* spiegelnde Glanz der unzähligen gelben Wachskerzen, die glitzernden Fächer der Hofdamen, die beim Feuer der mit allerlei Skulpturen reichgeschmückten *Kamine* die Kälte vergaßen – in solcher Umgebung hielt ich mich im Gefolge des Grafen in Petersburg auf. Da ich in unserer Delegation am flüssigsten Französisch sprach, mußte ich auch häufig zwischen Hausherr und Gästen vermitteln und dolmetschen.

Ich hatte Elise nicht vergessen. Das heißt, ich konnte

sie nicht vergessen, da sie mir täglich Briefe schrieb. An dem Tag meiner Abfahrt habe sie, aus Furcht davor, zum ersten Mal wieder alleine im Scheine der Lampe zu sitzen, den Abend bis spät in die Nacht bei den Bekannten mit Gesprächen zugebracht, sei dann, als sie müde wurde, nach Hause gegangen und sofort eingeschlafen. Als sie am nächsten Morgen aufgewacht sei, habe sie zunächst gedacht, ob es nicht ein Traum sei, daß sie allein zurückgeblieben sei. Eine solche Verlassenheit, wie sie an diesem Tag nach dem Aufstehen verspürt habe, habe sie nicht einmal damals gekannt, als sie sich nur mühsam über Wasser gehalten und nicht gewußt habe, woher sie tagsüber zu essen bekommen solle. Das etwa war der Inhalt ihres ersten Briefes.

Ein späterer Brief schien in starker Erregung geschrieben: Er begann mit dem Wort »Nein«: »Nein, jetzt erst weiß ich, wie tief meine Liebe zu Dir ist. Du hast gesagt, daß Du in Deiner Heimat keine nahen Verwandten hast. Das heißt wohl, Du würdest bleiben, wenn Du hier Deinen Lebensunterhalt verdienen könntest. Außerdem muß ich Dich mit meiner Liebe hier binden. Falls mir das nicht gelingt und Du in den Osten heimkehrst, würde es mir zwar nichts ausmachen, zusammen mit meiner Mutter dorthinzugehen, aber wie sollen wir die riesigen Fahrtkosten bezahlen? Meine Absicht war immer, egal mit welcher Arbeit, hier in dieser Stadt zu bleiben und auf den Tag zu warten, da Du berühmt werden würdest.

Aber während der zwanzig Tage, seit Du auf die kurze Reise gegangen bist, empfinde ich jeden Tag stärker die Trennung. Es war ein Irrtum zu glauben, der Schmerz des Auseinandergehens dauere nur einen Moment. Es ist nun unverkennbar, daß ich schwanger bin. Verlaß mich auf keinen Fall, egal was passiert! Mit Mutter habe ich mich heftig gestritten. Aber sie hat nachgegeben, als sie merkte, daß mein Entschluß diesmal unumstößlich ist. Sie sagt, sie werde zu fernen Verwandten auf dem Lande bei Stettin gehen, wenn ich in den Osten gehe. Da Du, wie Du schreibst, von dem Herrn Minister geschätzt wirst, werden wir die Reisekosten schon irgendwie zusammenbekommen. Jetzt aber warte ich nur auf den Tag, da Du nach Berlin zurückkommst.«
Ach, als ich diesen Brief las, sah ich zum ersten Mal meine Situation klar vor Augen. Ich schämte mich: wie unempfindlich war ich gewesen. Ich hatte mir eingebildet, über mein eigenes Schicksal und auch über das des anderen Menschen, der mit mir zusammenhing, einen festen Entschluß getroffen zu haben. Aber der Entschluß galt nur für die Zeit, da es mir gutging, nicht für eine schwierige Periode. Als ich meine Beziehung zu anderen zu betrachten versuchte, da war der Spiegel in meinem Inneren, auf den ich mich verlassen hatte, trüb.
Der Minister behandelte mich nun sehr freundlich. In meiner Kurzsichtigkeit sah ich jedoch nur die Arbeit, die ich gerade ausführte. Gott weiß, daß ich

nicht daran dachte, meine Zukunftshoffnungen hiermit zu verknüpfen. Als mir meine Lage jetzt zu Bewußtsein kam: konnte ich da gleichgültig bleiben? Damals, als mir mein Freund diese Arbeit vermittelte, erschien mir das Vertrauen des Ministers in unerreichbarer Ferne. Jetzt, da ich es langsam gewonnen zu haben glaubte, flocht Aizawa gelegentlich ein, daß wir auch nach seiner Rückkehr nach Japan weiter so miteinander umgehen würden. Ob er sich hiermit auf etwas bezog, was der Minister gesagt hatte, was er aber auch als Freund mir nicht offen mitteilen durfte, da es eine amtliche Angelegenheit war? Wenn ich jetzt zurückdenke, so hatte er wohl mein leichtfertig gegebenes Versprechen, die Beziehung zu Elise abzubrechen, umgehend dem Minister berichtet.

Ach, als ich damals nach Deutschland kam, meinte ich zunächst, ich hätte den Weg, meine eigentlichen Fähigkeiten zu entwickeln, gefunden; und ich schwor mir, kein mechanischer Mensch zu werden. War ich da nicht wie der Vogel, der, mit gebundenen Füßen losgelassen, einen Moment lang stolz auf seine Freiheit die Flügel schlägt? Es gab kein Mittel, die Schnur an meinen Füßen zu lösen. Früher hatte mein Vorgesetzter im Ministerium mich mit dieser Schnur dirigiert. Nun hielt – leider! – Graf Amakata diese Schnur in seinen Händen.

Genau am Neujahrsmorgen kehrte ich mit der Reisegesellschaft des Ministers nach Berlin zurück. Ich verabschiedete mich am Bahnhof und fuhr mit der Droschke nach Hause. In Deutschland ist es üblich, die Silvesternacht wachzubleiben und am Neujahrstag auszuschlafen. So lagen die Straßen still und verlassen da. Es war sehr kalt. Der Schnee auf dem Weg war zu scharfen Eisschollen gefroren, die im Sonnenlicht glitzerten. Der Wagen bog in die Klosterstraße ein und hielt vor der Haustür. In diesem Moment hörte ich, wie ein Fenster geöffnet wurde, konnte aber vom Wagen aus nichts sehen. Als ich dem Kutscher den Koffer gab und die Treppe hinaufgehen wollte, lief mir Elise auf der Treppe entgegen und fiel mir mit einem Schrei um den Hals. Der Kutscher sah indigniert zu und murmelte irgend etwas in seinen Bart, aber sie hörte es nicht:

»Gut, daß du heimgekehrt bist! Ich wäre gestorben, wenn du nicht gekommen wärst!«

Bis zu diesem Moment hatte mein Herz geschwankt: die Sehnsucht nach der Heimat und der Wunsch nach Erfolg und Ruhm hatten manchmal die Liebe beiseite gedrängt. Aber in diesem Moment wich alles Zögern und Zaudern von mir: ich nahm sie in die Arme, sie legte den Kopf an meine Schulter und vergoß Tränen der Freude.

»In welches Stockwerk soll ich den Koffer tragen?« – die grobe Stimme des Kutschers, der vorausgegangen war und nun oben auf der Treppe stand.

Ich gab ihrer Mutter, die mir entgegenkam, ein Silberstück und bat sie, damit den Kutscher zu bezah-

len. Ich wurde von Elise bei der Hand genommen und eilig in die Wohnung geführt. Der Anblick versetzte mich in Erstaunen. Denn auf dem Tisch türmte sich weißes Baumwollzeug und weiße Spitzen.
Elise wies lächelnd darauf: »Was hältst du von meinen Vorbereitungen?« Sie nahm dabei ein Stück Baumwollzeug hoch: es war eine Windel. »Stell dir vor, wie glücklich ich bin. Das Kind wird vielleicht dir ähnlich sehen und deine dunklen Augen haben. Deine Augen! Ach, nur im Traume habe ich deine dunklen Augen gesehen. Wenn das Kind da ist, wird deine Rechtschaffenheit es doch nicht zulassen, daß es einen fremden Familiennamen trägt?« Sie senkte den Kopf: »Du lachst vielleicht über meine Kindlichkeit. Aber wie froh werde ich sein an dem Tag, wenn wir zusammen vor den Altar treten.« Sie sah mich unter Tränen an.
Mehrere Tage lang suchte ich den Minister nicht auf, denn ich dachte, er müsse von der Reise erschöpft sein. Ich ging nicht aus und blieb zu Hause, aber eines Tages gegen Abend kam ein Bote, um mich zum Minister zu rufen. Ich ging hin und wurde besonders gnädig empfangen, Nachdem der Minister mir für meine Arbeit in Rußland gedankt hatte, fragte er, ob ich keine Lust habe, mit ihm nach Osten heimzukehren. Er kenne zwar nicht das Ausmaß meiner wissenschaftlichen Fähigkeiten, aber meine Sprachkenntnisse allein würden schon hinreichen. Da ich so lange in diesem Lande lebe, habe er gedacht, ich werde hier

wohl verschiedene menschliche Bindungen haben. Aizawa habe ihm aber auf seine Frage hin Auskunft gegeben, daß dem nicht so sei, was ihn beruhigt habe. Die Art, wie er sprach, duldete keine Absage. Obgleich ich einen Schrecken bekam bei seinen Worten, konnte ich auch nicht sagen, Aizawa habe gelogen. Wenn ich jetzt diese ausgestreckte Hand nicht ergriffe, würde ich nicht nur mein Vaterland verlieren, sondern auch jede Möglichkeit, meine Ehre wiederherzustellen, und ich würde im Menschenmeer dieser riesigen europäischen Großstadt begraben werden – dieser Gedanke schoß mir durch den Kopf. Ach, welche Treulosigkeit, daß ich »Ihr Wunsch ist mir Befehl« antwortete!

Selbst wenn mein Gesicht aus Eisen gewesen wäre: was sollte ich zu Hause Elise sagen? Die Verwirrung in meinem Inneren, als ich aus dem *Hotel* trat, war unbeschreiblich. Ich wußte nicht, wohin ich ging, und war völlig in Gedanken verloren. Mehrmals sprang ich im letzten Moment vor Pferdewagen zur Seite und wurde von den Kutschern wegen meiner Unachtsamkeit beschimpft. Als ich nach einiger Zeit um mich blickte, befand ich mich in der Nähe des Tiergartens. Ich ließ mich auf eine Bank am Wegesrand fallen und lehnte meinen brennenden Kopf, in dem es wie von Hammerschlägen dröhnte, an die Lehne. Ich weiß nicht, wieviel Stunden ich wie tot dasaß. Als ich, von der schmerzhaften Kälte geweckt, zu mir kam, war es Nacht, und dichter Schnee

fiel herab. Auf meiner Hutkrempe und meinen Schultern lag der Schnee einen Zoll hoch.
Es war wohl bereits 11 Uhr vorüber. Die Schienen der Pferdebahn auf der Karlstraße in Moabit waren vom Schnee zugedeckt, und die Gaslaternen neben dem Brandenburger Tor leuchteten einsam herüber. Ich wollte aufstehen, aber meine Beine waren starr vor Kälte. Ich rieb sie mit beiden Händen, bis ich endlich loszugehen vermochte.
Ich kam nur langsam voran, und als ich in der Klosterstraße anlangte, war es wohl bereits nach Mitternacht. Ich wußte nicht, wie ich bis hierher gekommen war. Da es Anfang Januar war, gingen in den Wirtschaften und Cafés an der Allee Unter den Linden zweifellos noch viele Leute ein und aus, aber ich hatte nichts davon bemerkt. Mein Kopf war nur erfüllt von dem Gedanken, daß ich ein unentschuldbares Verbrechen begangen hatte.

In der Mansarde im vierten Stock schlief Elise offenbar noch nicht. Wenn ich angestrengt in den dunklen Himmel hinaufschaute, war das Licht wie ein leuchtender Stern klar sichtbar. Aber es wurde von den unablässig fallenden Schneeflocken mal verdeckt, mal tauchte es wieder auf, so als ob der Wind mit ihm spiele. Als ich in die Haustür trat, machte sich meine Erschöpfung bemerkbar, und die Gliederschmerzen wurden so heftig, daß ich nur halb kriechend die Treppe hinaufkam. Ich ging an der Küche vorbei und öffnete die Tür zum Wohnzimmer.

Elise, die am Tisch gesessen und Windeln genäht hatte, drehte sich um und stieß einen kurzen Schrei aus: »Was ist mit dir! Wie siehst du aus!«

Sie war mit Recht erschrocken. Mein Gesicht war bleich wie das eines Toten. Den Hut hatte ich unterwegs irgendwo verloren, meine Haare waren wirr, und da ich auf dem Wege mehrfach hingestürzt war, war meine Kleidung von Schneematsch beschmutzt und hier und da zerrissen.

Ich wollte antworten, aber konnte nicht sprechen. Meine Knie zitterten heftig, und ich vermochte nicht länger aufrecht zu stehen. Ich erinnere mich, daß ich einen Stuhl zu fassen versuchte, dann aber auf den Fußboden sank.

Erst mehrere Wochen später kam ich wieder zu Bewußtsein. Während ich, vom Fieber geschüttelt, nur wirr durcheinander geredet hatte und von Elise liebevoll gepflegt worden war, war Aizawa eines Tages an mein Krankenbett gekommen, und sie hatte das, was ich vor ihr geheim gehalten hatte, in allen Einzelheiten erfahren. Er hatte dem Grafen nur von meiner Krankheit berichtet und alles in für mich günstiger Weise gefügt. Als ich nun zum ersten Mal Elise sah, die an meinem Krankenbett saß, erschrak ich über ihr verändertes Aussehen. Dank Aizawas Hilfe litt sie keine materielle Not, aber dieser, mein Wohltäter, hatte sie seelisch getötet.

Wie ich später hörte, hatte sie, als sie mit Aizawa zusammentraf, von meinem Aizawa gegebenen Versprechen erfahren und auch von meinem an jenem Abend dem Minister gegebenen Ja. Sie war von ihrem Sitz aufgesprungen, mit erdfahlem Gesicht, und hatte ausgerufen: »Mein Toyotarō! Hast du mich so betrogen!« – und war auf der Stelle niedergesunken. Aizawa hatte ihre Mutter gerufen, und sie hatten zusammen Elise aufs Bett getragen. Als sie nach einer Weile wieder zu sich gekommen sei, habe sie starr vor sich hingeblickt und niemanden, der um sie war, erkannt. Sie habe meinen Namen gerufen und mich verflucht, sich die Haare gerauft und ins Bettzeug gebissen, dann, als habe sie sich plötzlich besonnen, habe sie etwas zu suchen begonnen. Ihre Mutter habe ihr alle möglichen Dinge in die Hand gegeben, die sie aber alle von sich geworfen habe. Erst als ihr eine der auf dem Tisch liegenden Windeln gegeben worden sei, habe sie diese forschend angesehen, sie dann an ihr Gesicht gepreßt und geweint.

Danach habe sie sich nicht mehr laut gebärdet, aber ihre seelischen Reaktionen seien fast völlig zum Erliegen gekommen und sie sei tumb wie ein kleines Kind geworden. Man habe sie von einem Arzt untersuchen lassen, und der habe gesagt, es handele sich um eine plötzlich aufgetretene *Paranoia* aufgrund einer übermäßigen seelischen Erschütterung. Es bestehe keine Hoffnung auf Heilung. Man habe sie in die Irrenanstalt von Dalldorf bringen wollen, sie habe sich aber dagegen gewehrt und habe geweint und geschrien. Danach habe sie jene eine Windel ständig bei sich getragen, habe sie immer wieder hervorgeholt und angesehen, und habe dann vor sich hingeweint. Sie sei nicht von meinem Krankenbett gewichen, aber auch dies sei offenbar nicht bewußt geschehen. Nur ab und zu habe sie gesagt, so als ob sie sich an etwas erinnere: »–die Medizin, bringt die Medizin.«

Ich genas vollständig. Wie oft habe ich mit Elises lebendem Leichnam im Arm Tränenströme vergossen! Als ich mit dem Minister in Richtung Osten abfuhr, gab ich, nachdem ich mich mit Aizawa beraten hatte, Elises Mutter Geld, das für eine bescheidene Lebensführung ausreichte, und bat sie, für das Kind zu sorgen, welches ich im Leibe der bedauernswerten Wahnsinnigen zurückließ.

Ach, ein so guter Freund wie Aizawa Kenkichi ist schwerlich noch einmal zu finden. Aber in mir ist bis heute etwas, das ihn haßt.

Im Umbau

Ministerialrat Watanabe stieg vor dem Kabukiza-Theater aus der Straßenbahn.
Es hatte geregnet. Watanabe ging, gelegentlich einer Pfütze ausweichend, durch den Kobiki-Distrikt am Kanalufer entlang in Richtung Postministerium. Hier irgendwo, an der Einfahrt zu einer Seitengasse, hatte er, wenn er sich recht erinnerte, das Schild gesehen.
Es waren kaum Leute unterwegs. Einige lebhaft redende Männer in westlicher Kleidung, offenbar auf dem Heimweg vom Amt, kamen ihm entgegen. Eine Frau eilte mit kleinen Schritten vorbei: nach ihrem Kimono zu urteilen eine Kellnerin aus einem Teehaus, die vielleicht in der Nachbarschaft etwas zu besorgen hatte. Eine einzelne Rikscha, das Regendach noch hochgestellt, überholte ihn von hinten.
Schließlich entdeckte er das Gesuchte: ein verhältnismäßig kleines Schild mit der waagerechten Aufschrift »Hotel Seiyōken«.
Zum Kanalufer hin war das Gebäude mit einem Bretterzaun verstellt. An der zur menschenleeren Seitengasse gewandten Hausfront befand sich ein von zwei Seiten aus hochführender Treppenaufgang. Die Treppe bildete ein Dreieck mit abgeschnittener Spitze. Diese abgeschnittene Spitze wurde von zwei Türen eingenommen. Watanabe stieg die Treppe hinauf und überlegte dabei, durch welche der beiden

Türen er wohl hineingehen sollte; aber, oben angekommen, fand er, daß auf der linken Tür »Eingang« stand.
Seine Schuhe waren auf dem aufgeweichten Weg ziemlich schmutzig geworden. Er reinigte sie sorgfältig und öffnete dann die Glastür. Sie führte in einen geräumigen flurartigen Raum mit Dielenboden. Hier lag die gleiche Kokosmatte als Fußabtreter wie draußen vor der Tür. Daneben war ein Wischlappen ausgebreitet. Watanabe säuberte noch einmal seine Schuhe und dachte dabei: Ich bin also nicht der einzige mit so schmutzigen Schuhen.
Es schien niemand dazusein. Nur in einiger Entfernung hörte man geschäftigen Lärm. Offenbar waren Zimmerleute an der Arbeit. Der Bauzaun vor dem Haus, und dazu dieser Lärm: man ist mitten im Umbau, dachte Watanabe.
Da niemand kam, ihn zu empfangen, ging er den gegenüberliegenden Korridor entlang bis dort, wo ein Quergang nach links und rechts führte. Während er noch überlegte, wohin er sich wenden solle, entdeckte er endlich doch einen müßig herumstehenden Mann: wohl ein Kellner.
»Ich habe gestern telephonisch bestellt.«
»Sehr wohl, für zwei Herrschaften, nicht wahr? Im zweiten Stock, bitteschön!«
Der Kellner wies auf eine rechter Hand nach oben führende Treppe. Wegen des Umbaus hatte das Restaurant den Betrieb praktisch eingestellt. Deshalb

wohl wußte der Kellner sofort, daß er der Gast mit der Reservierung für zwei Personen war. Auf dieser Seite des Hauses hörte man das Hämmern und Schlagen noch viel stärker.

Der Kellner folgte ihm die Treppe hinauf. Watanabe überlegte, in welches Zimmer er wohl geführt werde, und wandte sich um:

»Ziemlich laut hier, nicht wahr?«

»Nein nein, Sie können unbesorgt sein; die Arbeiter gehen um fünf Uhr nach Hause. Während des Essens werden Sie von keinerlei Lärm gestört werden. Wenn Sie bitte einen Moment in diesem Zimmer hier warten wollen.«

Der Kellner eilte an ihm vorbei und öffnete die Tür zu einem Raum auf der Ostseite. Watanabe fand den *Salon* etwas zu groß für zwei Gäste. Um drei kleine Tische waren jeweils vier oder fünf Stühle gestellt. Unter dem rechten Fenster an der Ostwand stand auch ein *Sofa*. Daneben ein Weinstock, etwa einen Meter groß, welchen man im Gewächshaus künstlich zum Früchtetragen gebracht hatte.

Als Watanabe unschlüssig umherblickte, sagte der im Türeingang stehengebliebene Kellner: »Das Essen möchten Sie bitte hier einnehmen«, und öffnete dabei eine Tür linker Hand. Sie führte zu einem Zimmer gerade in der richtigen Größe. Die Tafel war bereits gedeckt. Ein Korb mit reizvoll arrangierten *Azaleen-* und *Rhododendron*zweigen stand in der Mitte und zwei *Couverts* waren einander gegenüber herge-

richtet. Vielleicht würden noch zwei Gäste zusätzlich sitzen können; sechs hätten es wohl etwas eng; gerade das richtige Zimmer.
Watanabe war recht zufrieden und ging in den *Salon* zurück. Der Kellner war aus dem Speisezimmer direkt in die Küche gegangen. So fand sich Watanabe jetzt zum ersten Mal allein.
Das Geräusch der Hämmer und Beile hörte plötzlich auf. Watanabe sah auf seine Taschenuhr: es war tatsächlich genau fünf Uhr; noch eine halbe Stunde bis zur verabredeten Zeit. Er nahm eine Zigarre aus der auf einem kleinen Tisch für die Gäste bereitgestellten Kiste, schnitt das Mundstück zurecht und zündete sie sich an.
Merkwürdigerweise hatte er überhaupt nicht das Gefühl, auf jemanden zu warten. Es war ihm nahezu egal, auf wen er hier eigentlich wartete, wessen Gesicht dort auf der anderen Seite des Blumenkorbes erscheinen würde. Watanabe wunderte sich über seine eigene Gleichgültigkeit.
Den Rauch langsam ausblasend, öffnete Watanabe das Fenster beim *Sofa* und blickte nach draußen. Direkt unter dem Fenster war eine Menge Bauholz aufgestapelt. Dort war wohl der Haupteingang. Das hoch stehende Wasser des *Kanals* schien völlig bewegungslos. Auf dem anderen Ufer sah man ein Wohnhaus; vielleicht eine billige Absteige oder etwas Ähnliches. Es war fast niemand unterwegs. Im Hauseingang gegenüber stand eine Frau mit einem

Kind auf dem Rücken müßig herum. Ganz rechts versperrte das Marinemuseum mit seiner imposanten Gestalt aus rotem Backstein den Blick.

Watanabe setzte sich auf das *Sofa* und betrachtete das Innere des *Salons.* An den Wänden hingen da und dort Rollbilder, die irgendein Zufall hier zusammengeführt haben mochte: Pflaumenblüten und Nachtigall, Urashima Tarō mit der Schildkröte, ein Falke und andere Banalitäten. Alle waren zu kurz und zu schmal und nahmen sich an den hohen Wänden so aus, als ob sie unten abgeschnitten worden seien. Rechts und links von der Tür, die zum Speisezimmer führte, hingen Kalligraphien. Er sah näher hin und fand, daß es »Schriftzeichen aus dem Götterzeitalter« waren, geschrieben von dem Großlehrbeauftragten Sowieso. Japan ist kein Land der Kunst.

Watanabe genoß eine Weile die Zigarre, ohne etwas Bestimmtes zu denken oder wahrzunehmen.

Auf dem Flur hörte man Schritte und Stimmen. Die Tür ging auf. Die Frau, auf die Watanabe gewartet hatte, war da. Sie trug einen großen, mit einer Holzperlenschnur verzierten *Annemarie*-Hut aus Stroh. Unter dem grauen, kimonoartigen Überwurf sah an der Brust weißer, bestickter *Batist* hervor. Auch der Rock war grau. In der Hand trug sie einen Schirm mit einem *Volant*, klein wie ein Kinderspielzeug. Watanabe lächelte unwillkürlich, während er sich erhob und die Zigarre auf dem Aschenbecher ablegte. Die Frau wandte sich kurz zum Kellner, welcher hinter ihr in der Tür stehengeblieben war, und blickte dann Watanabe an. Es waren die großen braunen Augen einer *brünetten* Frau. In diese Augen hatte er früher oft geblickt; aber diese fingerbreiten bläulichen Schatten hatten sie damals nicht gehabt.

»Entschuldige, ich hab dich warten lassen.«

Sie sprach deutsch. Etwas unpassend zu der formlosen Begrüßung nahm sie den Schirm aus der rechten in die linke Hand und streckte ihm mit vornehmer Pose die Finger der behandschuhten Rechten entgegen. Watanabe dachte: sie spielt vor dem Kellner Theater, aber erwiderte gleichwohl in korrekter Weise einen leichten Händedruck mit den Fingerspitzen. Dann sagte er zu dem Kellner:

»Wenn das Essen fertig ist, geben Sie bitte Bescheid!«

Der Kellner zog sich zurück.

Die Frau warf den Schirm nachlässig auf das *Sofa*. Dann ließ sie sich, als sei sie sehr erschöpft, auf die Polster fallen, stützte beide Ellenbogen auf den Tisch und sah Watanabe schweigend an. Dieser rückte einen Stuhl an den Tisch und setzte sich. Nach einer Weile sagte sie: »Ziemlich wenig Betrieb hier, nicht?«

»Ist im Umbau. Eben war hier noch ein Höllenlärm.«

»Ach so? Fühl mich irgendwie so unruhig hier. Aber mein Leben besteht sowieso aus lauter Unruhe.«

»Seit wann bist du eigentlich in Japan, und wie bist du hergekommen?«

»Vorgestern bin ich angekommen. Und gestern hab ich dich dann auf der Straße getroffen.«
»Und wie bist du hergekommen?«
»Seit Ende letzten Jahres war ich in Wladiwostok.«
»Dann bist du auf der Bühne von dem Hotel da aufgetreten?«
»Genau!«
»Doch wohl nicht allein? In einer Truppe?«
»Nicht in einer Truppe und auch nicht allein; zusammen mit jemandem, den du kennst.« Sie zögerte etwas: »Bin zusammen mit Kosinski.«
»Mit dem *Polacken*? Dann heißt du also jetzt Kosinska.«
»Du bist gemein. Ich singe, und Kosinski macht die Begleitung; das ist alles.«
»Wird sich wohl nicht darauf beschränken.«
»Natürlich, wir reisen zu zweit. Ich müßte lügen, wenn ich behauptete, es gebe gar nichts anderes.«
»Klar. Und so hast du ihn auch nach Tōkyō mitgenommen?«
»Ja, wir wohnen zusammen in Atagoyama.«
»Daß er dich allein ausgehen läßt.«
»Begleiten lass' ich mich nur beim Singen.« Sie gebrauchte das deutsche Wort *begleiten*, welches »auf dem Piano begleiten« und auch »zusammen gehen« heißen kann. »Als ich ihm erzählte, daß ich dir auf der Ginza begegnet bin, hat er gesagt, er möchte dich unbedingt treffen.«
»Das hat mir gerade noch gefehlt!«

»Wieso denn? Wir haben noch genug Geld.«
»Was heißt genug? Das wird schon mit der Zeit aufgebraucht. Und was wollt ihr weiter machen?«
»Wir fahren nach Amerika. In Japan ist nichts zu verdienen. Das haben wir schon in Wladiwostok gehört und rechnen deshalb mit gar nichts.«
»Da tut ihr gut dran. Nach Rußland ist Amerika sicher das richtige. Japan ist noch nicht soweit. Japan ist noch im Umbau.«
»Im Umbau? Das werd ich in Amerika weitererzählen: Ein japanischer Gentleman hat gesagt, Japan ist noch im Umbau. Oder soll ich sagen: ein japanischer Beamter? Du bist doch Beamter, nicht?«
»Hm, bin Beamter.«
»Und so korrekt, nicht wahr?«
»Schrecklich korrekt. Spiele den perfekten *Philister*. Dies Abendessen ist die Ausnahme von der Regel.«
»Das ist nett von dir.« Sie zog den bereits aufgeknöpften Handschuh aus und streckte ihre offene rechte Hand über den Tisch zu ihm hin. Watanabe drückte die Hand, im Ernst auf ihre Geste eingehend. Ihre Hand war kalt. Sie zog die kalte Hand nicht zurück und blickte mit ihren durch die Schattenringe noch größer wirkenden Augen eindringlich Watanabe ins Gesicht.
»Darf ich dir einen Kuß geben?«
Watanabe machte eine gequälte Grimasse: »Wir sind in Japan.«
Ohne zu klopfen, trat der Kellner ein.

»Das Essen ist fertig.«

»Wir sind in Japan«, wiederholte Watanabe und erhob sich. Er führte die Frau in das Zimmer mit der gedeckten Tafel. Gerade ging mit einem Aufblitzen das elektrische Licht an.

Die Frau blickte im Zimmer umher und sagte, während sie sich auf der gegenüberliegenden Seite an den Tisch setzte, wie im Scherz: »*Chambre séparée.*« Offenbar wollte sie sehen, wie Watanabe darauf reagierte, denn sie reckte sich etwas und blickte herüber. Der Korb mit den Blumen störte.

»Sieht zufällig so aus«, antwortete Watanabe gleichgültig.

Es wurde Sherry eingeschenkt. Melonen wurden gereicht. Drei Kellner waren ständig beschäftigt, die zwei Gäste zu bedienen. Watanabe bemerkte: »Sieh mal, wie eifrig die Kellner sind.«

»Dabei nicht allzu aufmerksam. In Atagoyama sind sie genauso«, sagte sie, während sie mit gespreizten Ellenbogen das Fruchtfleisch der Melone abtrennte und aß.

»In Atagoyama stören sie wohl?«

»Du denkst wieder was ganz Falsches. Aber lassen wir das. Die Melone schmeckt gut, nicht wahr?«

»Bald wirst du in Amerika jeden Morgen Melonen zu essen bekommen.«

Die beiden aßen und redeten dabei über völlig gleichgültige Dinge. Schließlich wurde der Hauptgang mit dem *Salat* gebracht und *Champagner* eingeschenkt.

Die Frau sagte plötzlich: »Du bist auch gar nicht eifersüchtig!« Selbst bei dieser gleichgültigen Konversation mußte sie an jene Zeit denken, da sie nach dem Besuch des *Zentraltheaters* an einem Tisch in dem Restaurant auf der Brühlschen Terrasse genauso wie jetzt einander gegenübergesessen hatten, mal sich streitend, mal sich wieder vertragend. Die Frau hatte das eben in scherzhaftem Tone sagen wollen, aber unwillkürlich kam es ihr ernst heraus. Sie bereute ihre Worte.

Watanabe hob, ohne aufzustehen, das *Champagner*-Glas über das Blumenarrangement und sagte mit fester Stimme:

»*Kosinski soll leben!*«

Die Frau erhob schweigend, mit einem starren Lächeln auf den Lippen, das Glas; ihre Hand zitterte kaum merklich.

Es war erst halb neun. Quer über die wie ein Lichtermeer erscheinende Ginza fuhr eine einsame Rikscha mit einer Frau, welche den Schleier tief über das Gesicht gezogen hatte, eilig in Richtung Shiba.

Anmerkungen des Übersetzers

Die Tänzerin

Originaltitel: *Maihime*; Erstveröffentlichung Januar 1890 in der Zeitschrift *Kokumin no tomo*; später überarbeitet in Ōgais erster Werksammlung *Minawa-shū*. Es existiert außerdem noch das Manuskript Ōgais. Textkritische Ausgabe mit Reproduktion sämtlicher Texte: Kabe Yoshitaka (Hrsg.): *Mori Ōgai ›Maihime‹ shohon kenkyū to kōhon*, Tōkyō: Ōfūsha 1988. Die Novelle verarbeitet Erfahrungen und Beobachtungen des Autors während seines Studiums in Berlin, April 1887 bis Juli 1888.

Saigon: Die Fahrt von Japan nach Europa und zurück erfolgte damals immer mit dem Schiff, und zwar von Yokohama über Hongkong, Saigon, Singapur, Colombo, Aden, Suez bis Brindisi oder Marseille.

nil admirari: »Nichts bewundern«, d.h. eine abgeklärte, unerschütterliche Haltung einnehmen. Dieser auch im Originaltext lateinische (und damit nahezu allen japanischen Lesern unverständliche) Ausdruck geht auf Horaz zurück (Episteln, 1. Buch, 6. Epistel).

Unter den Linden: Der Baum, unter dem Buddha die Erleuchtung erlangte, wird in Japan mit dem aus China eingeführten Baum Tilia miqueliar Maxim. identifiziert, welcher deshalb in Japanisch »bodaiju«, d.h. Baum der Erleuchtung genannt wird. Dieser Name wird auch als Übersetzung für das deutsche Wort »Linde« gebraucht.

Klosterstraße: Ōgai wohnte während seines Berliner Aufenthaltes für kurze Zeit in der Klosterstr. Nr. 97. In dieser Straße befand sich die (heute zerstörte) älteste Kirche Berlins, die Marienkirche (13. Jh.).

Elise: Die japanische Transkription würde auch die deutsche

Schreibung »Elis« erlauben. Die in dieser Übersetzung gewählte Schreibung geht davon aus, daß Namen französischer Herkunft damals auch französisch ausgesprochen wurden. Außerdem hieß Ōgais Freundin in der Realität Elise Wiegert.
Hackländer: Friedrich Wilhelm von Hackländer (1816-1877). Ōgai bezieht sich hier wohl auf den Roman »Europäisches Sklavenleben« dieses damals recht bekannten Autors. Ōgai selbst übersetzte nach seiner Rückkehr zwei Erzählungen Hackländers ins Japanische.
Aizawa Kenkichi: Hinter der Figur des Aizawa hat man Ōgais lebenslangen Freund Kako Tsurudo (1855-1931) vermutet, der den Autor von der Studienzeit bis zum Tode (als einziger Freund, vor dem er kein Geheimnis gehabt habe, wie Ōgai in seinem Testament sagt) begleitete.
Wilhelm I., Friedrich III.: Kaiser Wilhelm I. starb im März 1888, sein Sohn Friedrich III. drei Monate später, worauf dessen Sohn als Wilhelm II. den Thron bestieg. Ōgai befand sich um diese Zeit in Berlin.
Graf Amakata: Hinter Amakata hat man den Militär und Politiker (und Förderer Ōgais) Yamagata Aritomo (1838-1922) vermutet.
Kaiserhof: damals eines der größten Hotels in Berlin (an der Ecke Wilhelmstraße/Vossische Straße).
Gothaer Almanach: Genealogische Handbücher des europäischen Adels.

Im Umbau

Originaltitel: *Fushinchū*; Erstveröffentlichung Juni 1910 in der Zeitschrift *Mita bungaku*.
Kabukiza: 1889 eröffnetes repräsentatives Kabuki-Theater in Tōkyō. Der umliegende, damals noch von Kanälen durch-

zogene Kobiki-Distrikt ist heute Teil des Ginza-Viertels im Zentrum Tōkyōs.

Seiyōken: Berühmtes Hotel (mit Restaurant) westlichen Stils. Auch Ōgais Freundin, die ihm 1888 nachreiste, wohnte hier.

Urashima Tarō: Bekannte Sagengestalt. Urashima Tarō soll von einer Schildkröte zum Palast des Drachenkönigs auf dem Meeresgrund geführt worden sein und dort mehrere Jahre verbracht haben.

Schriftzeichen aus dem Götterzeitalter: Von nationalistischen Gelehrten der späten Feudalzeit als echt propagierte Schriftzeichen. Mit dieser Fälschung wurde die Existenz eines eigenen japanischen Schriftsystems *vor* der Einführung der chinesischen Schrift bewiesen. Daß der Autor hier eine solche Kalligraphie an die Wand hängt, kann als ironischer Kommentar zum Obskurantismus der Herrschenden gelesen werden; gleichzeitig kennzeichnet die Ausstattung des Raumes insgesamt das kulturelle Chaos dieser Zeit.

Atagoyama: Hügelige Gegend am Südrand des alten Tōkyō. Hier befand sich damals ein bekanntes Hotel.

Zentraltheater: Im Erstdruck steht hier »Gärtnerplatztheater«. Ōgai verwechselt also Dresden und München. Im nächsten Heft der Zeitschrift ließ er eine »Korrektur« einrücken: »In ›Im Umbau‹ im letzten Heft muß statt ›Gärtnerplatztheater‹ richtig ›Zentraltheater‹ stehen. Die Erinnerung an Europa wird langsam immer schwächer. – Ōgai«.

Inhalt

Die Tänzerin
5

Im Umbau
45

Anmerkungen
58

Suhrkamp Verlag GmbH
Torstraße 44, 10119 Berlin
info@suhrkamp.de
www.suhrkamp.de